QUELQUES MOTS

SUR LES

DEUX NOUVEAUX PROJETS DE LOI

RELATIFS AU RÉGIME DES COLONIES,

PAR UN ABOLITIONISTE.

PARIS,

A. SIROU ET DESQUERS, IMPRIMEURS-LIBRAIRES,
RUE DES NOYERS, 37.

1847

QUELQUES MOTS

SUR LES

DEUX NOUVEAUX PROJETS DE LOI.

Au moment où de nouveaux projets de loi sur le régime colonial vont être discutés à nos deux tribunes, il importe de bien déterminer quelle doit être la ligne de conduite des vrais abolitionistes, soit dans le sein des Chambres, soit au dehors.

Nous voulons nous adresser aux hommes graves. Point de déclamations ; point de phrases de rhéteur : seulement quelques observations de bons sens présentées à ceux qui apportent dans l'examen de ces matières un esprit éclairé, une conscience droite et un cœur loyal.

N'essayons pas de scruter d'un œil trop curieux les intentions du Gouvernement. Peut-être, en considérant de près les divers motifs qui l'ont fait agir, verrait-on qu'une grande habilité lui donnait les mêmes conseils que la philanthropie. Peut-être le Cabinet n'offre-t-il quelque chose que pour pouvoir se dispenser plus honorablement d'accomplir l'essentiel.

M. Guizot semble autoriser lui-même ces conjectures, puisqu'il a dit dans son exposé des motifs à la Chambre des députés : « Nous espérons que vous vous associerez au sentiment qui nous anime dans cette circonstance , et que vous voudrez bien soumettre ce projet de loi à une prompte délibération. *L'intérêt des colons* le conseille aussi bien que *l'honneur de l'administra-*

tion l'exige. Il y a des scandales moraux dont le renouvellement prolongé serait aussi *périlleux* que dangereux. »

Périlleux ! pour qui ? Pour les maîtres apparemment qui s'exposeraient à indigner tellement la métropole que le maintien de l'esclavage deviendrait impossible ! Il s'agit de l'intérêt des colons ! de l'honneur de l'administration ! Quant à l'esclave, à son droit inviolable et sacré, on ne veut pas s'en occuper pour le moment, et l'on s'arrange en conséquence.

Mais laissons ces hypothèses sur les intentions. Ce qui est clair, ce qui peut être bien constaté nous suffit.

Le premier de ces deux projets de loi concerne l'établissement du régime hypothécaire et de l'expropriation forcée dans nos trois colonies d'Amérique. Que faut-il en attendre ? et qu'est-ce qu'y gagnera, en particulier, la grande question, la question souveraine, qu'il n'est jamais permis de perdre de vue dans ce débat, celle de l'émancipation des esclaves ?

Les créanciers colons obtiendront des garanties qu'ils n'ont pas eues jusqu'à présent. Pour eux et pour leurs débiteurs ce sera le retour au droit commun. Dans ce sens, la proposition ministérielle est un progrès. Dès qu'on peut rentrer dans l'ordre on le doit.

Les fictions coloniales seront moins excessives. Aujourd'hui, des hommes qui, en réalité, ne possèdent rien, concourent à la nomination des conseils coloniaux et de ses délégués : mensonge public, auquel il est temps de mettre fin.

Beaucoup de colons sont obérés. La nouvelle loi remplacera par des propriétaires sérieux un certain nombre de propriétaires apparents. Ce sera juste encore, et à tous ces égards le projet ministériel mérite d'être appuyé par les abolitionistes.

Mais, en ce qui touche au point capital, que peut-on raisonnablement en espérer ?

Comprenons bien que l'émancipation des esclaves est complétement en dehors du texte de ce projet. Il ne concerne que les relations des blancs avec les blancs : c'est une affaire qui s'agite par-dessus la tête des noirs.

Si l'on veut y trouver quelque sujet d'espérance pour eux, on en est réduit à de simples conjectures plus ou moins problématiques ; et, au lieu de rester dans le réel, il faut s'aventurer dans l'idéal.

On dira, par exemple, que les détenteurs fictifs du sol dans les colonies sont les plus hostiles à l'émancipation, parce qu'ils craignent que l'indemnité ne s'arrête tout entière entre les mains de leurs créanciers, tandis que les vrais propriétaires pourront obéir plus facilement aux inspirations de la justice et de l'humanité. Soit, mais leurs intérêts matériels ne seront-ils pas absolument les mêmes ? et dans un siècle où manquent les convictions fortes, qui ne sait que l'intérêt est le mobile de la plupart des actions ?

On dira encore que quelques-uns des nouveaux maîtres, étant nés dans la mère-patrie, auront moins de préjugés que les anciens colons. C'est probable. Des hommes qui, pendant trente ou quarante ans, auront respiré l'air libre de la France, se sentiront d'abord mal à l'aise dans l'atmosphère viciée des colonies. Mais ne comptons pas beaucoup sur les suites de cette première impression. En Orient, au témoignage des voyageurs, les plus mauvais maîtres d'esclaves sont les Européens, parce que, forcés de combattre et de refouler violemment leur sens moral, ils tâchent de s'étourdir en maltraitant leurs victimes. De même, bien souvent du moins, dans nos possessions d'outre-mer, les nouveaux convertis aux passions des créoles sont plus durs que les autres. *Ces parvenus du mal sont les pires de tous*, disait M. Jules de Lasteyrie dans la séance du 24 avril.

En résumé, nul progrès tant soit peu sensible pour la cause de l'émancipation. Quiconque soutiendrait le contraire n'aurait pas étudié le sujet, ou voudrait nous tromper. Les blancs auront une bonne loi de plus ; mais les noirs n'y gagneront rien, ou presque rien.

Voilà pour le premier projet de loi.

Le second, qui établit une nouvelle juridiction pour les crimes commis envers les esclaves, nous arrêtera plus longtemps. Ici, la population *non-libre* est directement intéressée. On se propose de lui donner des juges plus impartiaux. Mais atteindra-t-on le but? et la justice, la bonne justice, cet intérêt des hommes réunis en société, sera-t-elle enfin une vérité dans les colonies? C'est ce qu'il faut examiner avec la plus scrupuleuse attention.

Avant tout, voyons ce qu'on peut alléguer de plus solide en faveur du projet:

Il n'y aura plus d'assesseurs : sorte de jurés qui, ne se sentant pas sérieusement responsables devant le pouvoir métropolitain, se préoccupaient des exigences des planteurs beaucoup plus que des besoins de la justice. Les membres des Cours royales, étant nommés et salariés par le Gouvernement, auront une responsabilité plus positive; ils pèseront avec plus de sollicitude les suites des punitions dérisoires ou des acquittements scandaleux; et, s'ils composent désormais à eux seuls les Cours criminelles dans les affaires de maître à esclave, on peut présumer que le sentiment de la haute mission qui leur sera exclusivement confiée, joint à la crainte d'exciter le déplaisir de leurs supérieurs métropolitains, leur dictera de meilleurs arrêts.

Les raisons mêmes qui auront fait instituer cette nouvelle juridiction serviront à leur inspirer plus de circonspection et de mesure. Ils sauront pourquoi ils ont seuls la charge de juger, et s'efforceront de ne pas trop contredire à la volonté du législateur.

De là, pour quelques maîtres, on doit le supposer, plus de soin à s'abstenir de sévices trop barbares. A défaut de l'humanité qui parle peu au cœur de certains hommes, on aura l'intimidation.

De là enfin, pour les esclaves, plus de garanties contre les actes de cruauté, et une certaine amélioration dans leur état matériel.

Il y a du vrai dans ces espérances. Mais prenons garde de nous laisser prendre à de vaines illusions.

Et d'abord, quant aux rapports des maîtres avec les esclaves, s'il y a moins de barbarie, y aura-t-il moins de sévérité et d'oppression? N'y en aura-t-il pas davantage peut-être à cause de cette loi-même? En d'autres termes, si les colons s'abstiennent de commettre des sévices qui forceraient la main au pouvoir judiciaire, ne seront-ils pas tentés plus fréquemment de se livrer à des procédés inhumains, profondément douloureux pour l'esclave, et qui échappent toujours à la vindicte des lois?

Faisons là-dessus une remarque fondée sur les universels instincts de la nature humaine : la contradiction aigrit, les barrières irritent; elles irritent surtout quand on ne les tient pas pour légitimes. Or, les colons regardent toute limite imposée à leur pouvoir disciplinaire comme une violation de leur droit de propriété; ils ne s'en cachent pas, et, jusque dans leurs déclarations officielles, ils se révoltent, au nom du principe fondamental de l'esclavage, contre les entraves les plus légères. Calculez donc, en interrogeant votre propre cœur, si cette irritation dans laquelle le sophisme et le préjugé feront voir un juste ressentiment, ne se traduira pas en d'innombrables actes de pesante et dure tyrannie! Je n'attaque pas le caractère des planteurs : il me suffit de trouver en eux des hommes tels que nous le sommes tous par notre naturelle infirmité.

L'esclave sera donc moins cruellement traité dans quelques rares occasions, mais peut-être plus habituellement opprimé. Entre ces deux conditions, quelle sera la meilleure? Question douteuse et effrayante! Je ne la résous point : je la soumets aux méditations des hommes sérieux.

Voici un fait qui n'est contesté de personne : c'est que la période de transition dans les îles anglaises, qui eut lieu de 1823 à 1834, fut marquée par un redoublement d'atrocités. On avait fait plus pourtant que ce que le ministère vient de proposer. Il y avait des magistrats spécialement institués pour être les *protecteurs des esclaves*; et, dans le court espace de dix ans, la population noire diminua de cinquante mille individus!

La période même d'apprentissage, de 1834 à 1838, fut déshonorée par les plus odieuses et les plus lâches vengeances. Plaise à Dieu que nous n'ayons pas à notre tour des milliers de cadavres à compter! Une demi-mesure, qui laisse debout le mal essentiel, loin d'améliorer la situation, peut l'aggraver.

Ensuite, si nous nous renfermons dans l'objet spécial du projet de loi, savoir, la bonne administration de la justice, les esprits intelligents se flatteront-ils d'y réussir?

On rétablit à peu près ce qui existait dans les colonies en 1828. La justice y était-elle mieux rendue à cette époque? et l'expérience du passé ne doit-elle pas nous apprendre ce que sera l'avenir? Si l'on répond que l'état des choses n'est plus le même, et que l'œil de la métropole est plus ouvert sur les affaires coloniales, cela ne diminuera guère la force de mon argument; car ce qui est resté intact dans nos possessions d'outre-mer est bien plus considérable que ce qui a été modifié.

Poursuivons. La majorité des membres des Cours royales ont les mêmes intérêts que les colons. Les uns sont propriétaires d'esclaves; d'autres ont épousé des créoles; d'autres encore sont engagés dans les exploitations; or, il s'agit de savoir si le juge l'emportera sur l'associé des planteurs, ou celui ci sur le juge. Deux grands intérêts seront en présence dans le cœur du magistrat. Lequel sera le plus fort? Dangereux conflit! lutte terrible! combien de fois elle fera trembler et fléchir entre les mains des juges coloniaux les balances de la justice!

Mais supposons que cet obstacle soit enlevé, comme le proposeront quelques abolitionistes des Chambres. Nul magistrat ne pourra siéger dans les Cours criminelles, s'il est propriétaire d'esclaves, ou intéressé en quelque manière que ce soit à la propriété coloniale; ce serait, aux yeux de plusieurs, un grand pas de plus. Il est probable qu'on ne le fera point. Mais admettons qu'il soit fait. Eh bien! je dis que les principaux obstacles à l'administration d'une bonne justice continueraient d'exister.

Il y a dans nos îles autre chose que des barriques de sucre, autre chose que des calculs de profits et pertes. Il y a la vie, la vie tout entière, les relations de famille, d'amitié, de société; il y a tout un monde, enfin, pour la race blanche. Le magistrat ne veut ni ne peut s'en séparer. Il n'ira point, au sortir du tribunal, s'enfermer dans une espèce de Thébaïde. Il demeure, il respire donc au milieu des préjugés et des passions du planteur. Il en subit l'influence. Et, lors même qu'il en serait intérieurement affranchi, il craindrait, en ne soutenant pas la cause des maîtres, de se faire honnir et chasser, et d'être condamné à un morne isolement. C'est un homme rare que celui qui triomphe d'un intérêt pécuniaire. Mais celui-là est plus rare encore qui s'élève au-dessus de l'opinion, la reine du monde, aux colonies comme ailleurs.

Quoi qu'on fasse, le magistrat de race blanche sera toujours juge et partie dans les affaires de maître à esclave. Il ne peut pas être juge, dans l'acception vraie du terme ; c'est l'homme, le représentant d'une caste privilégiée ; c'est un commissaire.

Ce serait un curieux travail de rechercher si les magistrats qui n'ont aucun intérêt direct dans la propriété coloniale sont généralement plus équitables que ceux qui en ont un. Peut-être non. Peut-être pensent-ils que, n'étant pas personnellement intéressés au régime des colonies, ils doivent donner aux propriétaires d'autant plus de gages de leur bonne volonté. Je n'affirme pas que cela soit ; mais, si cela était, je n'en serais guère surpris. Un orateur que j'ai déjà cité, M. Jules de Lasteyrie, a déclaré à la tribune que certains juges, indépendants par leur position, ne sont pas les moins ardents à servir les créoles, et ce fait n'a pas été contredit.

Qu'on réclame donc des magistrats libres de tout intérêt colonial, mais qu'on en attende peu : dans la plupart des cas, ce ne sera probablement qu'une déception de plus.

Allons jusqu'au bout. Achevons de montrer que, tant qu'on ne coupera pas le mal par sa racine en émancipant les esclaves, on se heurtera contre des difficultés insurmontables dans l'administration de la justice.

Je vais présenter une hypothèse singulière, mais elle rendra ma pensée plus frappante. Je suppose donc que les abolitionnistes les plus distingués de la mère-patrie soient tout à coup transformés en conseillers des Cours coloniales. MM. de Broglie, de Montalembert, Hippolyte Passy, de Rémusat, de Tocqueville, Ledru-Rollin, Jules de Lasteyrie, Paul et Agénor de Gasparin, sont assis sur les siéges de la magistrature à la Martinique ou à la Guadeloupe. On amène devant eux un planteur accusé d'avoir cruellement battu son esclave. La mort s'en est suivie. Le fait est parfaitement constaté. Quelle sentence prononceront-ils?

Certes, ils ne seront dominés ni par l'intérêt, ni même par l'opinion des créoles. Juges d'un jour, devant quitter la colonie le lendemain, ils pourront n'écouter que la voix de la justice. Je fais les choses aussi favorables que possible ; je ne mets en face de ces magistrats que ce qu'il faut bien y mettre : l'institution de l'esclavage. Ce ne sont pas deux hommes libres et égaux qu'ils ont devant eux. D'un côté, c'est un maître; de l'autre, c'est un esclave; là, le propriétaire; ici, sa propriété, sa chose, telle que la loi la lui a faite et la lui conserve. Encore une fois, comment jugeront-ils ?

A première vue, sous l'action des principes qu'ils ont puisés dans les idées chrétiennes et dans le sentiment du droit naturel, ils seront tentés de juger comme ils feraient en France, dans une cause où un chef de manufacture aurait occasionné la mort de l'un de ses ouvriers. Mais alors ne seraient-ils pas inconséquents? et, tout en étant justes selon leur sens moral, ne seraient-ils pas injustes au sens légal ?

Il faut se rendre bien compte ici des nécessaires et fatales conséquences de l'état d'esclavage. Dans les rapports de maître à esclave, le désordre, c'est l'ordre; l'injustice, c'est la justice. Un premier renversement exige tous les autres ; et, parce que le législateur a été souverainement inique dans le fond de l'institution, le juge est contraint de l'être avec lui, sous peine de tomber dans une extravagante contradiction.

Ouvrez l'histoire. Partout où l'homme a été asservi à l'homme, il y a eu inégalité, c'est-à-dire inégalité dans les peines ; quand la servitude était complète, le maître qui mutilait ou tuait son esclave ne subissait aucune punition ; quand l'esclave fut devenu serf, son meurtrier, s'il était en même temps son seigneur, ne subissait qu'une peine légère, une peine dérisoire et scandaleuse pour notre sens du droit.

On le voit aujourd'hui même dans certaines contrées de l'Europe. L'inégalité des conditions entraîne une inégalité proportionnelle dans les châtiments. Le serf qui lève la main sur son seigneur est puni de mort. Le seigneur qui assassine l'un de ses serfs en est quitte pour une amende et quelques jours de prison.

Cela est logique. La loi qui permet à un homme d'être propriétaire d'un autre homme, de le vendre, de l'acheter, de l'échanger, de le donner comme gage d'hypothèques, doit être d'accord avec elle-même. Elle ne le serait pas, si, après avoir tant fait, après avoir établi entre le maître et l'esclave cette extrême inégalité, une inégalité plus grande que celle qui sépare un roi d'un mendiant libre, elle prétendait ensuite rétablir l'égalité devant les tribunaux, ou seulement une médiocre inégalité. Ce serait tout ensemble faire et défaire la même œuvre, ce serait vouloir l'esclavage et ne le vouloir point. Ce serait contradictoire, absurde, impossible au suprême degré!

L'esclavage est incompatible avec la justice, et la justice avec l'esclavage. Ce sont deux termes qui s'excluent absolument. Ou renoncez à être justes, ou renoncez à avoir des esclaves. Vous ne pouvez pas plus concilier la justice avec l'état d'esclavage, que vous ne pouvez faire que le jour soit la nuit, ou la nuit le jour.

Lorsque M. le procureur général Dupin a demandé avec tant d'éloquence qu'il y eût une *justice complète* aux colonies, il a obéi à une première et généreuse inspiration. M. Dupin est éminemment l'homme du droit, l'homme de la justice, et ce sera son plus beau titre de gloire dans les annales de la magistrature française. Mais, s'il veut y réfléchir quelques moments, il reconnaîtra qu'il demandait l'impossible. M. Dupin a trop d'intelligence pour ne pas le voir, et trop d'intégrité pour ne pas le dire, dès qu'il en aura l'occasion,

Encore une fois, et qu'on ne l'oublie jamais, l'injustice est la justice dans le régime de l'esclavage!

Nous avons à faire amende honorable aux juges coloniaux et aux planteurs. Ils ont été plus logiques, plus conséquents que nous. Ils ont été fidèles à l'esprit de leur situation. C'est une espèce d'apologie qu'ils ne feraient pas eux-mêmes, sans doute, parce que les colons aiment mieux sacrifier leur caractère moral que compromettre leur intérêt matériel; mais je la ferai pour eux.

La Chambre et le pays se sont révoltés dernièrement à l'ouïe des arrêts de la justice coloniale. La Chambre et le pays ont eu raison en principe, mais tort en fait, et voici pourquoi. Ils ont appliqué aux procès de maître à esclave les maximes qui les dirigent dans les affaires d'homme libre à homme libre. Ils ont apprécié les acquittements et les condamnations des planteurs avec les idées d'égalité de la France, et non avec celles de l'inégalité coloniale. Ils ont oublié une chose, une seule chose, l'esclavage même !

Les juges des colons auraient pu prononcer, il est vrai, des peines un peu plus fortes, mais la différence eût été minime, et notre révolte morale n'en aurait pas moins éclaté. Sachons-le bien : nous ne serons délivrés de ce sentiment d'indignation et de honte que lorsque nous aurons effacé de nos lois la grande iniquité de l'esclavage colonial. Jusque-là, non.

Tant qu'un homme pourra dire, en montrant l'être humain qu'il a frappé et mutilé : c'est mon esclave, c'est ma propriété, je l'ai acheté, j'en ai hérité, je le vendrai, je le troquerai demain comme une bête de somme ; c'est la loi qui m'y autorise ; elle a mis plus de distance entre moi et cet esclave qu'entre lui et le cheval de mes écuries : à quelle peine voulez-vous qu'il soit condamné pour une mutilation, ou même pour un meurtre ? Ecrivez dans vos lois ce que vous voudrez ; changez vingt fois de magistrats ; choisissez les plus indépendants et les plus fermes : tout sera inutile, ou à peu près, parce que la seule chose qu'il fallait faire pour atteindre le but, vous ne la faites point !

De grâce, ne parlons plus, n'agissons plus comme des enfants qui s'irritent contre les inévitables conséquences de leurs propres actes. Il faut choisir. Ou bien baissons la tête sous les monstrueuses sentences des Cours coloniales ; baissons-la jusqu'à terre pour cacher aux autres peuples la rougeur qui nous monte au front. Etouffons tous nos sentiments de droit et de justice, taisons-nous, et acceptons l'opprobre de ces iniquités. Ou bien, prenons enfin le parti que nous impose le droit, l'humanité, la religion, l'honneur national : abolissons l'esclavage, dussions-nous en être appauvris ! dût chaque femme de France

filer une quenouille de plus, comme pour la rançon de Duguesclin! Et, si quelqu'un prétend que Duguesclin valait mieux que
les noirs, je lui répondrai que l'obligation de se laver d'un crime
est encore plus grande que celle de racheter un héros !

Cette discussion a pris plus d'espace que je n'aurais voulu.
Mais c'était le point capital; il était indispensable de prouver
que la justice, la justice comme nous l'entendons et devons l'en-
tendre, ne sera qu'un vain mot, une déception, une moquerie
dans nos possessions coloniales, tant que l'esclavage y subsis-
tera.

Maintenant, que doivent faire les abolitionistes des deux Chambres?

Nous ne leur conseillons point de rejeter les propositions mi-
nistérielles, parce qu'elles aboutiront, selon toute apparence, à
de nouveaux mécomptes. Si peu qu'on en puisse attendre, c'en
est assez pour les accepter. Il faut agir comme on l'a fait en
1845. Les hommes réfléchis savaient bien que les lois des 18 et
19 juillet ne produiraient pas les résultats que certains abolitionistes crédules y rattachaient à plaisir; ils savaient que
c'étaient des palliatifs qui ne guériraient pas le mal. Mais
ne pouvant avoir plus ni mieux, ils prirent ce qu'on leur donnait.

Il ne serait ni d'une bonne morale, ni d'une bonne politique
de tout repousser. Prétendre arriver à l'ordre par l'excès du
désordre, ou bien par l'excès du mal, c'est une tactique à l'usage
des factions : elle ne sera jamais adoptée par les vrais abolitionistes; ils ne laisseront pas au Cabinet ni aux délégués des
colonies le moindre prétexte de dire que, si les choses ne mar-
chent pas mieux, c'est la faute de leurs adversaires. A chacun la
responsabilité de ses œuvres; et, lorsque de cruelles déceptions
apparaîtront au grand jour, comme il arrivera certainement,
les abolitionistes doivent avoir le droit d'attester au pays qu'ils
n'ont rien fait pour empêcher l'avénement d'un état meilleur.

Mais, en acceptant ces projets de loi, ils ont de solennelles
déclarations à faire au Gouvernement et à la France. A l'un, ils
diront qu'ils ne tiennent ces lois que pour des mesures transi-

toires et de très-courte durée. C'est un expédient pour aujour-
d'hui ; nous le prenons comme tel ; mais nous n'admettons pas
que ce soit autre chose que du provisoire. C'est l'émancipation
même qui doit être prononcée, et à bref délai. Nul retard légi-
time que celui qui est rigoureusement nécessaire pour l'accomplir. Nul ajournement sous prétexte d'adoucissement et de préparation ; car ce sont des mots vides qui nous ont trop abusés.
L'émancipation ! l'émancipation complète ! rien de moins, parce
que tout ce qui est moins que cela n'est rien en réalité ! Nous ne
réclamerons pas, quelles que soient les propositions du ministère, un seul jour plus tard !

Voilà ce qu'il faut dire au Gouvernement d'une voix ferme,
et de manière à être bien entendu. Certes, les abolitionistes ont
montré assez de patience, assez de complaisance ; ils ont assez
fait fléchir leurs principes devant des espérances qu'ils ne par-
tageaient point. Il est temps enfin de sortir de cette position
molle, indécise, qui deviendrait une faute grave, à force de se
prolonger. Le silence n'a plus aujourd'hui de motif raisonnable :
ce serait de la complicité.

Que les demi-abolitionistes, les abolitionistes incomplets,
ceux qui sont toujours prêts à transiger parce qu'ils n'agissent
point sous l'inspiration d'un principe moral, et qu'ils ne diffè-
rent au fond des anti-abolitionistes que par une autre manière
de comprendre le mobile d'intérêt ; que ceux-là reçoivent les
nouveaux projets de loi comme un progrès qui puisse avoir
quelque durée, et se résignent à ne rien demander de plus, on
le conçoit. Mais les hommes qui sont sincèrement du côté de
l'esclave ne se contenteront pas à si bon marché.

A la France, il y a aussi, du haut de ces tribunes dont le
retentissement va si loin, d'utiles paroles à dire. Point de pué-
riles illusions. Après les nouvelles lois comme avant, l'esclavage colonial restera ce qu'il est. Nul relèvement, nulle
amélioration de quelque valeur, nulle préparation sérieuse
pour l'esclave. Il n'y aura non plus aucune justice digne
de ce nom dans les tribunaux des colonies. C'est un calmant
que l'on offre à l'indignation publique plutôt qu'une concession

faite aux griefs des noirs. Le remède est destiné à guérir la plaie de la métropole plus qu'à fermer celle des victimes. Que l'on n'y soit donc pas trompé !

Les délégués ne manqueront pas de faire leur métier accoutumé. On les entendra exagérer la condescendance du Gouvernement, la misère des maîtres, les droits et le bonheur des esclaves. Ils crieront que tout est compromis, que tout est perdu pour les clients qui les payent ; et, si l'on apporte quelqu'amendement à la tribune, comme celui de ne nommer que des magistrats indépendants de tout intérêt colonial, ils ne mettront plus de bornes à leurs déclamations, sauf à les démentir le lendemain, en s'emparant de ces lois mêmes comme d'un moyen de défense. Dans les Chambres, ce rôle obligé n'abuse personne ; on le prend pour ce qu'il vaut, et on l'écoute avec le sentiment qu'il mérite. Mais dans la masse de la nation, ceux qui connaissent mal la position des délégués pourraient être séduits par ces emportements de circonstance. Nouvelle mission à remplir pour les abolitionistes des Chambres. Les fausses idées sur le régime des colonies ont assez régné parmi nous : la vérité doit avoir son jour et sa place.

Au dehors, les abolitionistes ne failliront pas non plus à leur devoir. Ils comprennent que c'est de l'initiative du pays que dépend le succès de l'émancipation. Tant que l'opinion nationale ne parlera pas et très-haut, nous serons misérablement traînés d'ajournement en ajournement, de mécompte en mécompte, et le crime de l'esclavage se maintiendra dans notre législation. Cette flétrissure ne s'effacera que sous l'effort de nos propres mains.

Des pétitions donc, et sans retard ! Des signatures par milliers, et par centaines de milliers ! Que, d'un bout de la France à l'autre, la nation se lève pour arracher enfin de notre Code une page qui l'a trop longtemps déshonoré ! Que la voix du pays retentisse dans les Chambres ! Qu'elle monte dans les conseils de la couronne ! Qu'elle traverse les mers pour apprendre aux colons que nous ne consentons plus à la violation de toutes les lois divines et humaines ; et pour réveiller les nobles espérances dans le cœur de l'esclave ! Quand la France aura parlé, elle sera obéie.

Voilà ce que les abolitionistes doivent rappeler sans relâche et à tous, dans leur famille, leur cité, leur province, et il y aura de l'écho pour leurs généreux appels.

Une action vigoureuse est nécessaire. Les conseils généraux des départements ont le droit d'exprimer des vœux : beaucoup d'entre eux tiendront à devoir et à honneur, nous l'espérons, de se déclarer, cette année, en faveur de l'abolition complète et immédiate de l'esclavage. Le clergé catholique, les pasteurs protestants, ont déjà pris, dans les dernières pétitions, la place que leur assignaient les sentiments religieux dont ils sont animés; ils persisteront, nous n'en faisons aucun doute, et leur nombre s'accroîtra dans des proportions considérables. Un grand nombre de citoyens sentent mieux qu'auparavant la part de la responsabilité qui doit peser sur eux, tant qu'ils ne se prononceront pas énergiquement contre le maintien de l'esclavage. Ils en feront une question électorale, si pleine réparation n'est pas faite jusque-là.

Le peuple enfin, ce peuple généreux, qui n'a jamais reculé devant l'accomplissement des grandes choses, lors même qu'il y devait faire des sacrifices de sang ; ce peuple, qui met son honneur au-dessus des intérêts matériels, et qui n'ignore pas d'ailleurs que ce qui est le plus juste finit toujours par être le plus utile; ce peuple, qui tressaille de douleur, de pitié, d'indignation à la vue des Polonais asservis, et qui ne voudra pas se démentir à la face du monde en tenant deux cent cinquante mille créatures humaines dans un esclavage encore plus dur; le peuple de France demandera que les chaînes des noirs soient brisées, et elles le seront!

Nous avons bon courage. Une noble et intelligente nation devant nous; la conscience au dedans de nous ; Dieu au-dessus de nous : avec tant de moyens de succès, nous pouvons, comme les soldats romains, jurer de vaincre, et de longs jours ne se passeront pas avant que notre serment ne soit accompli.

Paris. — Imprimerie d'A. Sirou et Desquers, rue des Noyers, 37.

www.ingramcontent.com/pod-product-compliance
Lightning Source LLC
Chambersburg PA
CBHW062320070726
47596CB00009B/2546